MANITAS CREATIVAS

Transporte y comunicación

Actividades creativas para la educación infantil

Parramón

Transporte y comunicación

Dirección editorial: Mª Fernanda Canal
Editor: Jesús Araújo
Textos y realización de ejercicios:
Anna Galera i Bassachs, Mònica Martí i Garbayo e Isabel Sanz Muelas
Diseño de la colección: Toni Inglès
Diseño gráfico y maquetación: Jordi Martínez
Fotografías: Estudio Nos & Soto, Index
Ilustraciones: Francesc Ràfols

Tercera edición: noviembre 2000
© Parramón Ediciones, S.A. - 2000
Editado y distribuido por Parramón Ediciones, S.A.
Gran Via de les Corts Catalanes, 322-324
08004 Barcelona (España)

Dirección de producción: Rafael Marfil
ISBN: 84-342-2261-2
Depósito legal: B-46.293-2000
Impreso en España

ÍNDICE

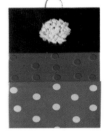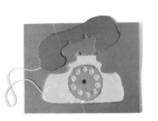

Los cinco volúmenes que conforman la colección *MANITAS CREATIVAS* están dirigidos a niños del Segundo Ciclo de Educación Infantil, y los ejercicios se basan en los temas de las diferentes áreas curriculares que se trabajan en este ciclo: descubrimiento de uno mismo y descubrimiento del entorno natural y social. Alrededor de estos temas giran todas las actividades de aprendizaje de este ciclo. Por lo tanto, aquí se pueden encontrar estrategias y recursos de gran interés para trabajar la expresión plástica de forma variada y motivadora con los niños, y pretenden ser innovadores para los adultos.

Pensamos que no hay nada más funcional para un educador que poder encontrar distintas y nuevas propuestas relacionadas con aquel tema con el que está trabajando en cada momento con los niños, dejando que manipulen, experimenten y disfruten con las diferentes técnicas para ir adquiriendo destreza y seguridad, con la mayor autonomía posible. Esta colección puede resultar de un gran interés porque pretende ser útil y funcional para los adultos que están trabajando con niños de estas edades, pudiendo así recurrir a ella para obtener recursos complementarios a cada uno de los temas.

El lenguaje plástico en el Segundo Ciclo de Educación Infantil

- El niño de este ciclo tiene curiosidad por descubrir y conocer todo lo que le rodea e ir construyendo así su pensamiento, a partir de un aprendizaje significativo. Es decir, un aprendizaje todo lo más comprensible para que el niño pueda relacionar lo que ya sabe con las nuevas informaciones. Este tipo de aprendizaje permite que el niño pueda conocer, interpretar, utilizar y valorar la realidad.
- Para favorecer este proceso, las actividades propuestas en este libro están enfocadas de manera global.
- ¿Qué quiere decir un enfoque globalizador? El niño no individualiza una parte del todo, no puede extraer una única información de un contexto, sino que percibe diferentes estímulos y sensaciones a la vez.
- El educador debe disponer de distintas herramientas y estrategias para poder relacionar cada trabajo de plástica con las áreas curriculares.
- Durante esta etapa se debe estimular la actividad cognoscitiva mediante la observación directa, la manipulación y la experimentación.
- En nuestras propuestas de trabajo pretendemos que el niño utilice el descubrimiento como medio para establecer nuevos aprendizajes.
- La plástica se encuentra en todos los procesos educativos, en todas las áreas y situaciones del día, y es el medio de expresión por excelencia.

Técnicas empleadas

Las técnicas que se pueden encontrar en este libro para que los niños puedan manipular y experimentar son las más empleadas para estas edades:

Punzar: utilización de felpa y punzón. Se debe punzar sobre la línea de manera continua para poder extraer la silueta previamente dibujada, sin rascar con el punzón, ni arrancar y romper el papel con los dedos. También se usará el punzón para agujerear cartulina y colocar encuadernadores.

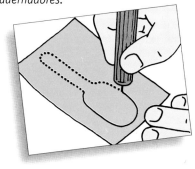

Recortar: deben tomarse las tijeras con una mano y aguantar el papel levantado con la otra mano para conducir el movimiento de las tijeras y seguir la línea.

Pegar: debe colocarse una cantidad adecuada de pegamento, teniendo en cuenta cuál será la superficie utilizada (si es grande se distribuirá el pegamento y encima se dispondrá el material; en cambio si es muy pequeña será el material el que deberá ponerse sobre la barra y colocarlo después sobre la superficie). Se procurará que no se ensucien demasiado las manos ni la mesa.

Rasgar con los dedos: se debe realizar con los dedos haciendo la "pinza", sin romper el papel de una sola vez.

Modelar plastilina: para rellenar superficies hay que pellizcar un poco de plastilina y extenderla con el pulgar. Cuando se trate de modelar pequeñas porciones para decorar, habrá que presionar sobre la cartulina para

pegar la plastilina. Siempre hay que barnizarla para reforzar el pegado, darle brillo y dureza.

Modelar barro: previamente hay que trabajar bien el barro con las manos para expulsar el aire que contiene y así evitar que una vez seco se agriete. Es importante trabajar con agua para unir diferentes piezas, tapar grietas y dar un acabado fino. Resulta conveniente pintar o barnizar el barro una vez esté seco, para conseguir un acabado perfecto.

Pintar: se hará con ceras, ceras plásticas o rotuladores. Cuando se usen los rotuladores se debe procurar no apretar demasiado, evitando presionar la punta. Al cerrarlos, procurar que queden herméticos para que no se seque la tinta. También se utilizará la pintura (con el dedo, la mano o el pincel). Cuando se utilice el pincel se deberá escurrir para no manchar ni formar grumos. El pincel se debe tomar suavemente por la parte media del palo (no como un lápiz) para pintar con las cerdas sin rascar con el palo, extendiendo la pintura de arriba abajo, evitando los movimientos rotatorios.

Estampar: utilizando diferentes materiales (patatas, esponjas, tapones de corcho, partes del cuerpo...). Para mojar en pintura cualquiera de estos materiales será conveniente hacerlo en una esponja introducida en un recipiente lleno de pintura diluida con agua, para que se empape con la cantidad suficiente de pintura.

Collage: utilizando diversos materiales (ropa, papeles de diferentes texturas y colores, adhesivos de varios colores y formas, lana, palillos, legumbres, pasta, café...).

Poner transparencias: utilizando papel de celofán, charol, de seda, de aluminio o pinocho. El pegamento siempre debe ponerse por detrás alrededor del agujero en la cartulina para pegar después el papel y así evitar que se manche y arrugue.

Hacer bolas: con papel de seda, higiénico, de aluminio y otros tipos, se rasga el papel y con las puntas de los dedos se arruga y se forma la bola. Al trabajar esta técnica se estimula la motricidad fina haciendo la "pinza" con los dedos (índice y pulgar). Al pegar se extenderá el pegamento en la superficie colocando después las bolas encima. Pero si se trata de un espacio pequeño, se untará primero la bola en la barra de pegamento y se colocará después en su lugar.

Hacer churros: con papel de seda, de aluminio o plastilina, para hacer churros con papel se debe presionar y enrollar la tira muy fuerte con los dedos para conseguir la forma y grosor deseados.

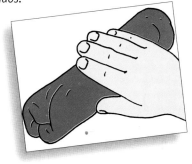

Barnizar: papel de seda, plastilina, ceras, legumbres, pasta, sal, serrín u otros. Será necesario barnizar todos estos materiales para que queden fijos y brillantes. Según la zona que se quiera barnizar, se utilizará un pincel más o menos fino para no salirse del espacio. Se deberá insistir en no usar mucha cantidad de barniz cuando se trate de superficies planas, pero en el caso de legumbres, pasta, serrín o sal se deberá usar un pincel grueso y barnizar muy despacio con abundante barniz a modo de suaves golpecitos, sin arrastrar. A veces será necesaria la colaboración del adulto.

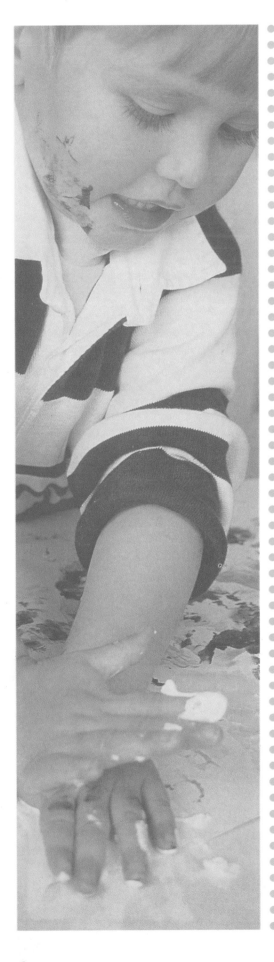

Orientaciones metodológicas

Basándonos en la propia experiencia profesional dentro del Segundo Ciclo de Educación Infantil proponemos lo que puede ser una buena metodología para realizar actividades plásticas dentro del aula con niños de estas edades.

Lo más importante será la buena planificación del aula, la actividad y el material. La maestra deberá tener muy claro qué material necesita para cada sesión y qué proceso deberá seguir para conducir a los niños a realizar la actividad. Antes de empezar a manipular el material y realizar el trabajo se deberá motivar a los niños para que entiendan lo que harán y el porqué, y así tengan interés y ganas de hacerlo.

Se deberá animar a los niños y situarlos previamente en un contexto adecuado para cada tema, para favorecer la intención educativa a la que se quiere llegar. El niño debe entender que todo lo que hace tiene una funcionalidad y lo podrá usar en otras situaciones. De aquí la importancia de observar siempre la realidad antes de empezar una actividad.

Una vez se consigue despertar en el niño la curiosidad y las ganas de descubrir, habrá llegado el momento de enseñarle cómo será el trabajo una vez terminado, realizado previamente por el adulto. Un factor que hay que tener en cuenta para conseguir un resultado positivo será escoger el momento idóneo y distribuirlo en diferentes sesiones. A esa edad los niños se cansan con muchísima facilidad de hacer lo mismo durante demasiado rato, y por esta razón, dependiendo de la duración y la complejidad de la actividad, ésta se deberá realizar en más de una sesión. De esta manera se favorece la diversión.

Dependiendo del número de niños y niñas que haya en el aula, de su tipología o características (inquietos, dispersos, tranquilos,...), de la dificultad de la técnica con la que se quiere experimentar o de si es la primera vez que se introduce, se deberá trabajar en pequeño o gran grupo. Si se trabaja en grupo pequeño, el resto de alumnos deberán estar entretenidos en alguna actividad que no implique la ayuda del adulto, para que éste pueda dedicarse plenamente al pequeño grupo. Si, en cambio, se trabaja en gran grupo, seguramente la actividad deberá ser más dirigida y, por lo tanto, lo fundamental será saber captar la atención de todo el grupo. Hay que procurar no caer en el error de participar demasiado en el trabajo del niño y restarle protagonismo. No debemos preocuparnos tanto de la perfección como de que el niño manipule, experimente y disfrute con las distintas técnicas y materiales. Cuando se trate de una actividad que los niños puedan realizar solos, aunque se trabaje en gran grupo, no hará falta dirigirlos tanto, sino que será importante que puedan expresarse libremente. Se debe dejar espacio a la creatividad del niño. Si el material que se debe utilizar es muy concreto, se repartirá a cada uno de los niños, de lo contrario se dispondrá en un recipiente en el centro de cada mesa para que tenga fácil acceso. De esta última manera los niños refuerzan el hábito de compartir. La mayoría de las técnicas presentadas en las distintas propuestas se pueden variar adecuándolas al nivel de los niños.

Este libro ha sido pensado para que sea una herramienta de trabajo práctica, ya que se basa en nuestra experiencia real. Pretendemos que las orientaciones y consejos que se pueden encontrar sean para facilitar y ampliar la labor docente en el área de expresión plástica. El planteamiento de cada trabajo ayudará para que el trabajo sea más agradable y entretenido para que así tanto el niño o la niña como el adulto puedan disfrutar.

Organización del libro

ll libro está pensado para las diferentes edades el ciclo, clasificado según el grado de dificultad e cada actividad. Esta clasificación ha sido laborada a partir de la experimentación en el ula con niños de estas edades, con los cuales e han realizado todas las actividades. Hay que clarar, que esta clasificación es totalmente rientativa, ya que se trata de propuestas biertas y se pueden adecuar a las necesidades oncretas de cada uno.

e pueden encontrar trabajos sobre el plano y n volumen. En cada propuesta se expone el aterial que se necesita, el grado de dificultad e uno a tres), orientaciones didácticas (cómo abajarlo), los pasos que hay que seguir ra llevarla a cabo divididos en las diferentes siones que harán falta y consejos para vorecer el trabajo.

dos los pasos van acompañados de una agen fotográfica o gráfica, para facilitar así comprensión.

Transporte y comunicación

En este libro se encuentran una serie de actividades que representan algunos medios de comunicación y de transporte.
Las actividades escogidas intentan destacar los medios que pueden ser más conocidos para los niños y a la vez les resulten más atractivos y les despierten interés.
El contenido del libro puede ayudar a complementar y a entender mejor estos dos temas tan representativos de la vida cotidiana.
Vivimos en una época donde los medios de comunicación son los protagonistas, por lo tanto no pueden pasar inadvertidos en el ámbito escolar, que también es un medio de comunicación en todos sus aspectos.
A pesar de la corta edad de estos niños, están en constante contacto con la comunicación. Cualquier evento es percibido por el niño, en mayor o menor escala, y por lo tanto se trabaja también desde la escuela.

Los medios de comunicación tratados en este volumen van desde los más simples y cercanos al niño, como pueden ser: las cartas, un televisor o un teléfono, hasta otros no tan cercanos pero también muy conocidos, como el micrófono, unos auriculares o una cámara de fotos. Los medios de transporte que se describen intentan ser variados para mostrar tanto los de tierra, como el coche, el autobús; los de aire, el avión; o los de agua, el barco. También aparecen otros no tan necesarios para el transporte sino más recreativos: el globo, la barca y el patinete (utilizados para el juego). Además, en relación con estos temas se podrán trabajar otros aspectos, como la comparación de las distintas velocidades que alcanzan los diferentes medios de transporte. También se podrá introducir a los niños en la educación viaria utilizando el semáforo como señal de tráfico más conocida por ellos. Y con relación a los medios de comunicación se podrá hablar de los oficios relacionados: periodista, locutor, cantante, fotógrafo, cartero, escritor, presentador, y otros muchos.

1 Patinete

Preparar para cada niño:
- Una cartulina blanca con la silueta del patinete previamente dibujada
- Una cartulina negra con el dibujo de las ruedas
- Dos adhesivos redondos grandes amarillos
- Tijeras
- Pegamento en barra

1 Recortar las tres ruedas del patinete y pegar el adhesivo amarillo en dos de ellas.

2 Pegar las tres ruedas en la cartulina blanca.

¿Qué se necesitará?

- Cartulina blanca
- Cartulina negra
- Adhesivos redondos grandes amarillos
- Papel de celofán transparente
- Lentejas
- Tijeras
- Barniz y pincel grueso
- Punzón y felpa
- Pegamento en barra
- Plantilla (ver pág. 42)

¿Cómo se hará?

Se puede realizar en tres sesiones de media hora aproximadamente cada una y trabajando con todo el grupo.

Consejos

- **Recortar las ruedas.** Si los niños son muy pequeños, se pueden punzar las ruedas en vez de recortarlas.
  - **Pegar lentejas.** Primero extender abundante pegamento en el patinete y colocar puñados de lentejas encima hasta recubrirlo todo. Después levantar la cartulina y dejar caer todas las lentejas sobrantes otra vez en la bandeja.
- **Barnizar lentejas.** Después de pegarlas es conveniente que el adulto las barnice con un pincel grueso, para que queden fijas y brillantes.
- **Pegar papel de celofán.** Poner pegamento sólo en los laterales del papel para evitar que con el tiempo se estropee.

¿Qué técnicas se trabajarán?

- Recortar y pegar cartulina
- Pegar adhesivos
- Punzar cartulina

- Pegar papel de celofán a modo de transparencia
- Pegar y barnizar lentejas

Sesión 2

Preparar para cada niño:
- La cartulina blanca con el trabajo realizado en la sesión anterior
- Papel de celofán transparente
- Punzón y felpa
- Pegamento en barra

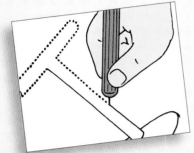

3 Punzar y extraer el manillar del patinete, y pegarle por detrás el papel de celofán transparente.

Sesión 3

Preparar para cada niño:
- La cartulina blanca con el patinete ya terminado
- Lentejas
- Pegamento en barra

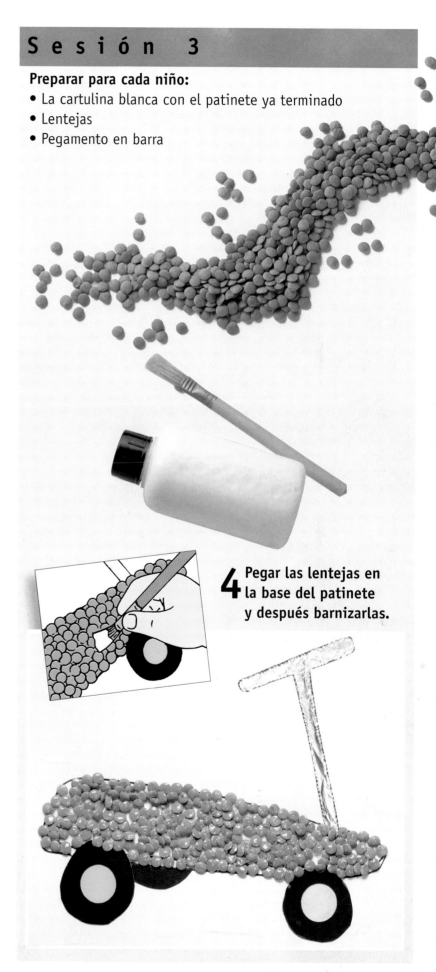

4 Pegar las lentejas en la base del patinete y después barnizarlas.

Orientaciones didácticas

Trabajar el concepto de **cantidad** del número 3, correspondiente al número de ruedas.

Comparar las líneas **rectas** y **curvas.**

Conversar sobre la utilidad de un patinete, así como su aspecto lúdico.

Observar otra funcionalidad de las lentejas además de ser un alimento.

Observar también el efecto del barniz sobre las lentejas.

Reforzar los conceptos **ancho** y **estrecho,** viendo la figura del patinete.

9

Micrófono

Preparar para cada niño:
• Un tubo de cartón de papel higiénico
• Un pincel grueso

Preparar para cada mesa:
• Un plato con pintura de dedos negra

¿Qué se necesitará?

• Tubo de cartón de papel higiénico
• Pintura de dedos de color negro
• Pincel grueso
• Una hoja doble de papel de periódico
• Papel de aluminio
• Adhesivos pequeños redondos amarillos, azules y rojos
• Un trocito de cordón de zapatos o lana de color negro
• Cinta adhesiva

1 Pintar el tubo de cartón con pintura de dedos negra.

¿Cómo se hará?

Se puede realizar en dos sesiones de media hora cada una aproximadamente, trabajando con todo el grupo.

Consejos

• **Pintar tubo**. Procurar que todo el tubo de cartón quede pintado de color negro, sin que aparezcan espacios sin pintura.

• **Modelar una bola de papel de periódico.** Dar a cada niño sólo una hoja doble de papel de periódico para que la bola no sea muy grande.

¿Qué técnicas se trabajarán?

• Pintar cartón con pintura
• Pegar adhesivos de colores
• Modelar una bola de papel de periódico

• Modelar papel de aluminio

Preparar para cada niño:
• El tubo de cartón pintado y seco
• Adhesivos pequeños redondos rojos,
  amarillos y azules
• Una hoja doble de papel de periódico
• Un trozo de papel de aluminio
• Un trocito de cordón de zapatos
  de color negro

2 Hacer una bola de papel de periódico y colocarla en uno de los extremos del tubo de cartón.

3 Cubrir la bola de papel de periódico con papel de aluminio.

4 Pegar y decorar libremente el tubo de cartón con los adhesivos de colores. El adulto pegará el cordón con cinta adhesiva en la parte inferior del micrófono simbolizando el cable.

Orientaciones didácticas

• Conversar sobre la **función** de los micrófonos, dónde podemos encontrarlos o verlos, su tipología y otras cuestiones.
• Se puede trabajar la relación **igual que…**, aprovechando los adhesivos.
• Se puede repasar la **forma redonda** de los adhesivos utilizados.
• Trabajar el concepto **arriba** al colocar la bola de papel de diario en la parte de arriba del micrófono.
• Reforzar el concepto **abajo,** al colocar el cordón en la parte de abajo del tubo.
• Aprovechar el concepto **encima,** al colocar el papel de aluminio encima de la bola de papel de diario.
• Utilizarlo como recurso para fomentar la **expresión oral** con los niños.

11

Cámara de fotos

¿Qué se necesitará?

- Cartulinas de colores rosa, negro, marrón y blanco
- Papel de celofán azul
- Ceras plásticas azules, rojas y verdes
- Adhesivos redondos pequeños amarillos
- Punzón y felpa
- Tijeras
- Pegamento en barra
- Plantilla (ver pág. 48)

¿Cómo se hará?

Esta actividad se puede realizar en tres sesiones de media hora aproximadamente, trabajando con toda la clase, pero para alguna de las actividades será conveniente hacerlo en grupo pequeño.

Sesión 1

Preparar para cada niño:
- Una cartulina rosa con la silueta de la cámara previamente dibujada
- Ceras plásticas azules, rojas y verdes
- Una cartulina marrón con la silueta de la cámara previamente dibujada
- Punzón y felpa

1 Pintar los botones de la cámara con ceras plásticas, uno de cada color.

2 Recortar la silueta de la cámara de la cartulina marrón. Punzar y sacar el cuadrado del centro.

Consejos

- **Recortar cartulina.** Si se trabaja con niños que no dominan bien las tijeras se puede punzar la cartulina.
- **Tira de cartulina.** Se puede dar a los niños un trozo de cartulina blanca marcada para que sean ellos los que la recorten.
- **Colocar la tapa del objetivo.** Seguramente para colocar la cartulina negra por el corte de detrás, será necesaria la colaboración del adulto, por lo que es conveniente trabajar en un grupo pequeño.
- **Doblar cartulina.** Para doblar la cartulina blanca en forma de acordeón será necesaria la ayuda del adulto. Por lo tanto, conviene trabajar en un grupo pequeño.

Qué técnicas se trabajarán?

Pintar con ceras plásticas
Punzar cartulina
Recortar y pegar cartulina

• Pegar papel de celofán
• Doblar cartulina
• Pegar adhesivo

Sesión 2

Preparar para cada niño:

• La cartulina rosa con los botones de la cámara ya pintados
• Una cartulina negra con la forma de la tapa previamente dibujada
• Una tira de cartulina blanca (de 3 × 25 cm aproximadamente)
• Ceras plásticas rojas y azules
• Punzón y felpa
• Pegamento en barra

3 Recortar la cartulina negra para hacer la tapa del objetivo de la cámara.

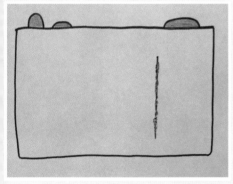

4 Punzar la línea vertical señalada en la cartulina rosa para que quede como un corte.

5 Doblar la tira de cartulina blanca para que quede como un "acordeón". En uno de los dos extremos doblados dibujarle una cara.

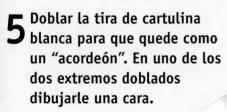

Sesión 3

Preparar para cada niño:

• La cartulina rosa trabajada en las sesiones anteriores
• La cartulina marrón ya recortada y punzada
• La cartulina blanca ya doblada
• Papel de celofán azul
• Un adhesivo redondo pequeño amarillo
• Punzón y felpa
• Pegamento en barra

6 Pegar la cartulina marrón sobre la silueta de la cámara de la cartulina rosa, sólo por las esquinas. Pegar en el objetivo la tira de cartulina blanca, ya doblada, por el extremo que no se ha dibujado.

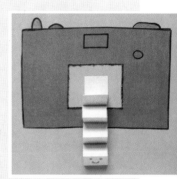

7 Punzar y sacar la ventanita de la cámara y pegar por detrás el papel de celofán azul.

8 Colocar la cartulina negra introduciéndola entre las cartulinas rosa y marrón, para poder tapar el objetivo. Doblar la solapa para que quede "frenada". Después pegar un adhesivo amarillo sobre el botón de la cámara.

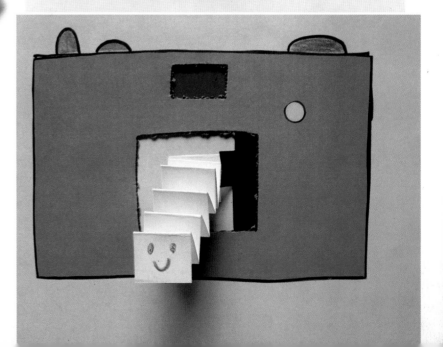

Orientaciones didácticas

Trabajar el vocabulario propio de las **partes de una cámara**.

Conversar sobre la **utilidad** y **manejo** de una cámara fotográfica (fotos de familia, reportajes fotográficos, periodismo).

Aprender a doblar papel en forma de **acordeón**, que después podrá utilizarse para realizar distintos trabajos con esta técnica.

Semáforo

¿Qué se necesitará?

- Cartulina marrón
- Cartulina amarilla
- Pintura de dedos amarilla
- Papel charol rojo, anaranjado y verde
- Punzón y felpa
- Pincel de tamaño mediano
- Tijeras
- Pegamento en barra
- Plantilla (ver pág. 43)

¿Cómo se hará?

Se puede realizar en tres sesiones de media hora cada una aproximadamente, trabajando con todo el grupo.

Sesión 1

Preparar para cada niño:
- Una cartulina marrón con la silueta del semáforo previamente dibujada
- Punzón y felpa

1 Punzar y extraer los tres focos redondos del semáforo de la cartulina marrón.

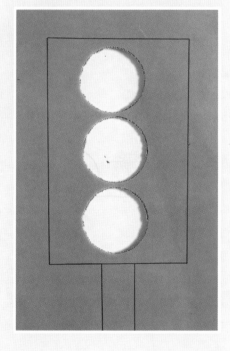

Consejos

- **Pintar el semáforo.** Utilizar un pincel no muy grueso para no salirse del contorno marcado.
- **Repartir papel charol.** Es preferible dar a los niños el papel charol en forma rectangular que abarque todo el espacio del círculo.
- **Pegar papel charol.** Recordar que sólo se puede extender pegamento en las cuatro puntas del rectángulo al pegarlo detrás de la cartulina.
- **Pegar superficies.** Aplicar pegamento en la parte doblada a modo de pestaña para que la pieza quede con el volumen deseado.

Qué técnicas se trabajarán?

Pintar con pincel

Punzar cartulina

Pegar papel charol a modo de transparencia

• Recortar y pegar cartulina

Sesión 2

Preparar para cada niño:
• La cartulina marrón ya punzada
• Pincel de tamaño mediano

Preparar para cada mesa:
• Un plato con pintura de dedos amarilla

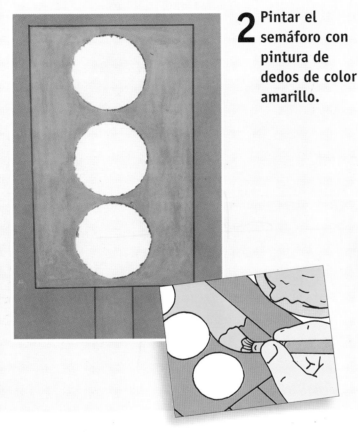

2 Pintar el semáforo con pintura de dedos de color amarillo.

Orientaciones didácticas

• Trabajar la **educación viaria** para poder transitar en la ciudad: normas, señales, guardias urbanos, pasos de cebra.

• Indicar **qué significa cada color** de un semáforo cuando los vemos por la calle.

• Reforzar los conceptos: **arriba, abajo** y **en medio.**

• Trabajar la forma **rectangular** del semáforo, así como la forma **circular** de los colores.

• Diferenciar las líneas **rectas** y **curvas.**

Sesión 2

Preparar para cada niño:
• La cartulina marrón ya punzada y pintada
• Papel charol rojo, anaranjado y verde en forma de rectángulo
• Tijeras
• Cartulina amarilla con las tres siluetas previamente dibujadas de las viseras del semáforo

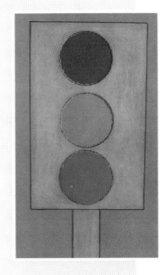

3 Pegar por detrás de la cartulina marrón los rectángulos de papel charol en los tres círculos a modo de transparencia (arriba el rojo, en medio el anaranjado y abajo el verde).

4 Recortar las tres viseras de cartulina amarilla que se colocarán encima de cada círculo del semáforo.

5 Doblar cada visera por la línea horizontal marcada y pegarla encima de cada círculo, para que su efecto sea de "tejado".

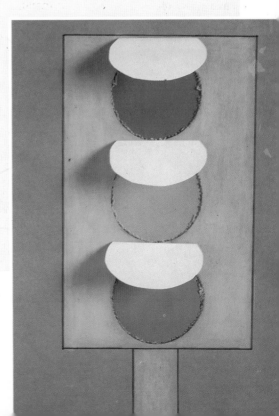

5 Globo

¿Qué se necesitará?

- Un globo amarillo
- Adhesivos redondos verdes
- Una caja cuadrada blanca pequeña, en proporción al tamaño del globo
- Ceras plásticas rosa
- Lana verde

¿Cómo se hará?

Esta actividad se puede realizar en dos sesiones de media hora cada una aproximadamente, trabajando con todo el grupo.

Sesión 1

Preparar para cada niño:
- Una caja cuadrada blanca
- Cera plástica rosa

1 Pintar la caja blanca por dentro y por fuera con cera plástica de color rosa.

Consejos

- **Hinchar y hacer el nudo al globo.** El adulto ayudará al niño, si fuera necesario, a hinchar el globo y a anudarlo.
- **Colocar la lana.** El adulto deberá hacer los cuatro agujeros en la caja con la máquina taladradora y los unirá en el nudo del globo.
- **Pintar la caja.** Recordar que no hay que dejar espacios en blanco y que no es necesario barnizarla.

Qué técnicas se trabajarán?

Pintar una caja con ceras plásticas
Hinchar un globo
Pegar y decorar un globo con adhesivos

Sesión 2

Preparar para cada niño:

• Un globo amarillo
• Adhesivos redondos verdes
• Cuatro trozos de lana verde

2 Hinchar el globo amarillo después de haber hecho ejercicios de respiración previos.

3 Decorar el globo libremente con los adhesivos verdes y atarle el cesto con los trozos de lana.

Orientaciones didácticas

Reforzar el concepto de **forma redonda** que tienen los adhesivos.

Observar y comparar la **forma física** que adopta el globo antes y después de hincharlo.

Trabajar los conceptos **antes** y **después**.

Trabajar los conceptos **dentro** y **fuera** al pintar la caja blanca.

Conversar sobre este **medio de transporte:** utilización, lugares donde pueden verse globos, formas, colores, y otros aspectos relacionados.

Barco

¿Qué se necesitará?

- Cartulinas de colores amarillo, fucsia, verde y anaranjado
- Papel de seda azul
- Papel de seda de diferentes colores
- Adhesivos redondos pequeños amarillos
- Adhesivos redondos grandes verdes
- Punzón y felpa
- Pegamento en barra
- Barniz y pincel
- Plantilla (ver pág. 43)

¿Cómo se hará?

Esta actividad se puede realizar en tres sesiones de media hora aproximadamente y trabajando con todo el grupo.

Sesión 1

Preparar para cada niño:
- Una cartulina amarilla con la silueta del barco previamente dibujada
- Papel de seda azul
- Trozos de papel de seda de diferentes colores
- Punzón y felpa
- Barniz y pincel
- Pegamento en barra

1 Punzar y sacar la silueta del humo de la cartulina amarilla y pegar por detrás a modo de transparencia un trozo de papel de seda azul.

2 Rasgar trocitos de papel de seda de diferentes colores y pegarlos sobre el casco del barco. Después barnizar.

Consejos

- **Pegar papel de seda.** Al pegar los trocitos de papel de seda será mejor superponerlos para que se vayan mezclando los colores y así obtener el efecto deseado. Después será importante barnizar para que se acabe de pegar bien y quede brillante.
- **Pegar churros.** Será mejor hacer los churros de papel de seda más largos de lo necesario y después de pegarlos recortar los trozos sobrantes.
- **Punzar cartulina.** Las partes del barco de cartulina, en vez de punzarlas, también se pueden recortar, si se trabaja con niños que dominen esta técnica.

Qué técnicas se trabajarán?

Punzar y pegar cartulina

Pegar y barnizar papel de seda

Rasgar y enrollar papel de seda

• Pegar adhesivos

Sesión 2

Preparar para cada niño:

• La cartulina amarilla trabajada en la sesión anterior
• Las cartulinas fucsia, verde y anaranjada con las siluetas previamente dibujadas de las partes superiores del barco
• Punzón y felpa
• Pegamento en barra

3 Punzar y sacar las partes del barco de las cartulinas fucsia, verde y anaranjada, y pegarlas sobre las partes superiores del barco, dibujadas en la cartulina amarilla.

Sesión 3

Preparar para cada niño:

• La cartulina amarilla con el barco y el humo trabajados en las sesiones anteriores
• Papel de seda azul
• Adhesivos amarillos y verdes
• Pegamento en barra

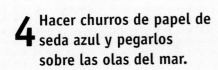

4 Hacer churros de papel de seda azul y pegarlos sobre las olas del mar.

5 Pegar los adhesivos amarillos que representan las ventanas del barco sobre la cartulina anaranjada y el adhesivo verde sobre el casco.

Orientaciones didácticas

• Trabajar el **vocabulario** propio de este medio de transporte (partes y lenguaje marino).
• Conversar sobre los distintos **usos** que se le pueden dar: viajes, pesca, guerra, y otros.
• Reforzar la **motricidad fina** al punzar la cartulina y rasgar el papel de seda.
• Trabajar la **rotación de la muñeca** al enrollar el papel de seda.

Televisor

¿Qué se necesitará?

- Cartulina marrón
- Adhesivos pequeños rectangulares verdes
- Adhesivos pequeños redondos amarillos
- Adhesivos pequeños cuadrados azules
- Papel de seda anaranjado y blanco
- Plastilina rosa y amarilla
- Palos de madera
- Cinta adhesiva transparente
- Pegamento en barra
- Barniz y pincel fino
- Punzón y felpa

¿Cómo se hará?

Se puede realizar en cuatro sesiones de media hora cada una aproximadamente y trabajando con todo el grupo.

Sesión 1

Preparar para cada niño:
- Una cartulina marrón con la silueta del televisor previamente dibujada
- Adhesivos pequeños redondos amarillos
- Adhesivos pequeños cuadrados azules
- Adhesivos pequeños rectangulares verdes

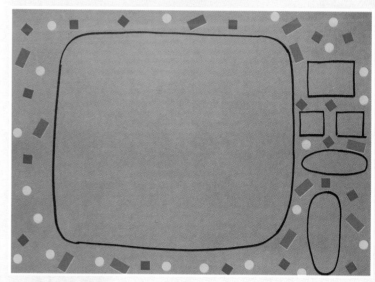

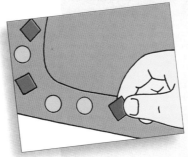

1 Decorar libremente el contorno del televisor con los adhesivos de colores, de formas cuadradas, rectangulares y redondas.

Consejos

- **Bolas de papel de seda.** Presionar con los dedos con fuerza para que las bolitas sean bien redondas.
- **Pegar bolas de papel de seda.** Extender primero el pegamento en la zona y colocar después las bolas muy juntas, de manera que se toquen unas a otras y cubran todo el espacio.
- **Modelar plastilina.** Repartir a los niños poca plastilina para que no utilicen mucha cantidad, e insistirles en que tiene que quedar una superficie fina. Modelar la plastilina con los dedos, arrastrándola y estirándola para que cubra todo el espacio.
- **Barnizar plastilina.** Utilizar un pincel fino para que la zona circundante no se manche de barniz.

¿Qué técnicas se trabajarán?

- Punzar cartulina
- Modelar bolitas de papel de seda
- Modelar plastilina y barnizarla
- Pegar adhesivos de colores

Sesión 2

Preparar para cada niño:
- La cartulina marrón ya decorada
- Papel de seda anaranjado y blanco
- Pegamento en barra

2 Hacer bolas de papel de seda anaranjado y blanco.

3 Pegar las bolas de papel de seda en los tres botones de la parte de arriba del televisor.

Sesión 3

Preparar para cada niño:
- La cartulina marrón trabajada en las sesiones anteriores
- Plastilina rosa y amarilla
- Pincel fino

Preparar para cada mesa:
- Un recipiente con barniz

4 Rellenar de plastilina los dos botones restantes del televisor y barnizarlos.

Sesión 4

Preparar para cada niño:
- El televisor de cartulina marrón de las sesiones anteriores
- Punzón y felpa
- Dos palos de madera

5 Punzar y extraer la pantalla del televisor. El adulto pegará por la parte trasera de la cartulina los dos palos para poder sujetarla.

Orientaciones didácticas

Conversar sobre cómo se percibe la **información** a través de este **medio audiovisual,** tipologías, programas que más les gustan.

Reforzar la **motricidad fina** al modelar las bolas de papel de seda, al punzar y al modelar plastilina.

Trabajar la forma **redonda, cuadrada** y **rectangular** aprovechando los adhesivos.

Utilizar el televisor como recurso ideal para potenciar la **expresión oral** del niño, sobre todo si se muestra introvertido, al incitarle a hablar y a comunicarse a través del televisor.

Avión

¿Qué se necesitará?

- Plastilina azul, roja y amarilla
- Un palito de helado
- Barniz y pincel

¿Cómo se hará?

Esta actividad se realizará en tres sesiones de media hora aproximadamente cada una, trabajando con todo el grupo.

Sesión 1

Preparar para cada niño:
- Un trozo de plastilina azul

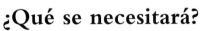

1 Hacer un churro grueso y no muy largo con la plastilina azul.

2 Estirar hacia arriba un extremo del churro y modelar el otro extremo en forma de lápiz.

Consejos

- **Limpieza.** Será conveniente que los niños tengan las manos siempre limpias para no manchar las plastilinas.
- **Barnizar plastilina.** Al barnizar resulta muy útil introducir la figura en una bandeja blanca de porexpán, de las de uso alimentario, para barnizar sin peligro de manchar alrededor.

¿Qué técnicas se trabajarán?

Modelar plastilina

Sesión 2

Preparar para cada niño:

- La plastilina azul modelada en la sesión anterior
- Un trozo de plastilina roja
- Un palito de helado cortado por la mitad

3 Hacer un churro con la plastilina roja, aplastarla y partirla por la mitad, para simular el ala.

4 Introducir en el ala, en la zona del corte, un trozo del palito, el restante se hundirá dejando en el exterior un trocito, que luego se introducirá en cada uno de los laterales del avión.

Orientaciones didácticas

- Trabajar los **medios de transporte aéreos**.
- Trabajar la **motricidad fina** al modelar la plastilina.
- Se puede trabajar el concepto **a un lado y al otro** cuando nos referimos a las alas.

Sesión 3

Preparar para cada niño:

- El trabajo realizado en las sesiones anteriores
- Dos trozos de plastilina, uno azul y otro amarillo

5 Hacer seis bolitas pequeñas con la plastilina amarilla y un churro pequeño.

6 Con la plastilina azul hacer un churro pequeño y delgado. En cada uno de los extremos pegar una bolita amarilla y arquearlo y pegarlo debajo del avión.

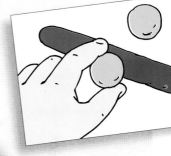

7 Pegar dos bolitas amarillas en cada lado del avión para formar las ventanillas y el churro amarillo en la parte frontal para realizar el cristal delantero del avión.

9 Automóvil

¿Qué se necesitará?

• Cartulinas de colores verde, rojo,
azul y negro
• Papel de seda anaranjado
• Adhesivos redondos grandes amarillos
• Tijeras
• Pegamento en barra
• Plantilla (ver pág. 44)

¿Cómo se hará?

Esta actividad se puede realizar en dos sesiones
de media hora aproximadamente, trabajando
con todo el grupo.

S e s i ó n   1

Preparar para cada niño:
• Una cartulina verde con la silueta
del automóvil previamente dibujada
• Las cartulinas roja, azul y negra con
las partes del automóvil previamente dibujadas
• Un trocito de papel de seda anaranjado
• Tijeras

1 Hacer una bolita con el papel
de seda anaranjado y pegarla en
el extremo de la antena del
automóvil en la cartulina verde.

2 Recortar las
distintas partes
del automóvil de
las cartulinas
roja, azul y
negra.

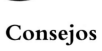

Consejos

• **Recortar cartulina.** Si se trabaja con niños que no
dominan las tijeras, se podrán punzar las cartulinas en vez
de recortarlas.
• **Pegar cartulinas.** Para pegar las distintas partes del
automóvil de cartulina, será mejor colocarlas primero sobre la
silueta del automóvil, como si se tratara de un puzzle, y
después irlas pegando una a una sin desmontarlas para no
equivocarse al pegar las piezas.

¿Qué técnicas se trabajarán?

- Recortar y pegar cartulina
- Pegar adhesivos
- Hacer y pegar bolita de papel de seda

Sesión 2

Preparar para cada niño:

- La cartulina verde con la bolita de papel de seda ya pegada
- Las distintas partes del automóvil ya recortadas
- Dos adhesivos redondos grandes amarillos
- Pegamento en barra

3 Pegar las distintas partes de la cartulina roja del automóvil sobre la silueta de la cartulina verde, colocándolas previamente como si se tratara de un puzzle.

4 Pegar las dos ventanas de cartulina azul sobre la cartulina roja y las dos ruedas de cartulina negra. Pegar un adhesivo redondo amarillo sobre cada rueda del automóvil.

Orientaciones didácticas

- Reforzar la técnica del **recorte** con tijeras.
- Aprender a hacer un **puzzle.**
- Trabajar el **vocabulario** propio de las diferentes partes de un automóvil.
- Conversar sobre la **utilidad** de este medio de transporte tan utilizado por todas las familias.

Radio

Preparar para cada niño:
- Un rectángulo de arcilla blanca
- Punzón
- Un palito redondo no muy largo

¿Qué se necesitará?

- Arcilla blanca
- Un palito redondo no muy largo
- Pintura de dedos roja, marrón, verde y azul
- Plastilina amarilla
- Pincel
- Punzón

¿Cómo se hará?

Se puede realizar en dos sesiones de media hora aproximadamente cada una, trabajando con todo el grupo.

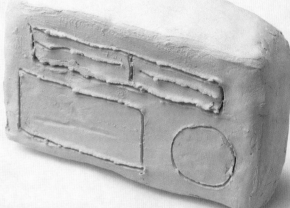

1 Dibujar y decorar marcando con el punzón las partes de la radio, y clavar en la parte de arriba el palito, de un tamaño apropiado para simbolizar la antena.

Consejos

- **Repartir arcilla.** Es mejor dar a cada niño un rectángulo casi modelado, para que ellos sólo tengan que acabar de perfeccionarlo. De esta manera aseguramos la forma rectangular que se trabajará.
- **Pintar la arcilla.** Es preferible utilizar un pincel fino para no ensuciar las zonas de alrededor.
- **Mezclar pinceles.** Recalcar que los pinceles del plato de la pintura verde no se pueden dejar en otro plato, ni aplicarlos a otros colores, para así evitar sus mezclas.
- **Repartir plastilina.** Se repartirá poca plastilina con el fin de no modelar una bola excesivamente grande para el tamaño del palito.

¿Qué técnicas se trabajarán?

- Modelar arcilla blanca
- Dibujar con el punzón en la arcilla
- Pintar la arcilla
- Modelar plastilina

Sesión 2

Preparar para cada niño:
- La radio de arcilla ya seca
- Un trozo de plastilina amarilla
- Pincel

Preparar para cada mesa:
- Un plato con pintura de dedos roja, otro con pintura verde, otro con pintura marrón y otro con pintura azul

2 Modelar y colocar la bola de plastilina de color amarillo en el extremo del palito.

3 Pintar la radio de color marrón; el dial de color azul; el botón del volumen de sonido, de color verde, y el altavoz de color rojo. Colocar el palito con la bola de plastilina en la radio, como si fuera la antena.

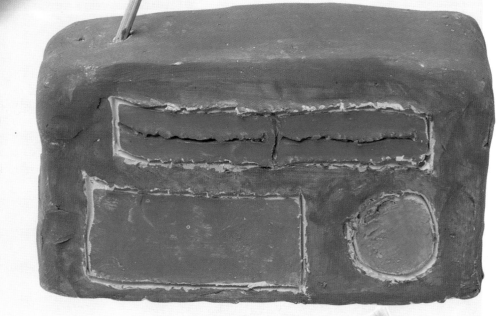

Orientaciones didácticas

Conversar sobre la información relacionada con este **medio de comunicación:** tipologías, instrumentos que suele haber en las emisoras.

Reforzar o trabajar la forma del **rectángulo.**

Ver la forma **esférica** de la plastilina amarilla.

Trabajar la **motricidad fina** al modelar la arcilla al pintarla con el pincel.

Reforzar los conceptos **delante** y **detrás.**

11 Máquina de escribir

Preparar para cada niño:
• Una cartulina azul con la máquina de escribir previamente dibujada
• Ceras verdes y rosa
• Pincel

Preparar para cada mesa:
• Un recipiente con barniz

1 Pintar la máquina, el rodillo y las patas con ceras verdes y de color rosa el resto, excepto el teclado y la barra espaciadora. Después barnizar.

¿Qué se necesitará?

• Cartulina azul
• Ceras verdes y rosa
• Un trozo de papel blanco
• Plastilina blanca
• Punzón y felpa
• Barniz y pincel
• Pegamento en barra
• Tijeras
• Plantilla (ver pág. 47)

¿Cómo se hará?

Esta actividad se puede realizar en tres sesiones de media hora aproximadamente cada una, trabajando todo el grupo.

Consejos

• **Colocar papel.** Seguramente será necesaria la colaboración del adulto, ya que para los niños es bastante difícil pegar el papel por detrás sin doblarlo, para que quede con volumen.
• **Barnizar plastilina.** La plastilina se barnizará con abundante barniz, dejando que éste penetre por debajo de las bolitas para que queden bien pegadas.
• **Hacer un churro de plastilina.** La longitud del churro de plastilina no importa, sólo deberá controlarse el grosor y colocarlo sobre la barra espaciadora cortando el trozo sobrante después.

¿Qué técnicas se trabajarán?

Pintar con ceras
Barnizar
Recortar papel

• Punzar cartulina
• Modelar plastilina

Sesión 2

Preparar para cada niño:

• La cartulina azul con la máquina de escribir ya pintada
• Un trozo de papel blanco para recortar a la medida previamente señalada (13 × 9 cm aproximadamente)
• Punzón y felpa
• Pegamento en barra
• Tijeras

2 Recortar el papel blanco por las líneas marcadas.

3 Punzar las líneas superior e inferior del carro de la máquina e introducir por las dos ranuras el papel, pegándolo por detrás de manera que quede con volumen.

Sesión 3

Preparar para cada niño:

• Plastilina blanca

4 Modelar bolitas y un churro de plastilina blanca. Colocar las bolitas sobre las teclas, y el churro sobre la barra espaciadora. Presionar siempre suavemente.

Orientaciones didácticas

• Trabajar la máquina de escribir como **medio de comunicación** en desuso, sustituido poco a poco por el **ordenador** o **computadora.**
• Nombrar sus partes, funcionamiento y utilidad (para escribir libros, cartas, documentos, etcétera).
• Reforzar la motricidad fina al **punzar, pintar** y **modelar** con plastilina.

Máquina de tren

¿Qué se necesitará?

- Cartulina amarilla y lila
- Papel de periódico
- Adhesivos redondos grandes rojos
- Adhesivos cuadrados grandes amarillos
- Adhesivos redondos medianos azules
- Pegamento en barra
- Plantilla (ver pág. 45)

¿Cómo se hará?

Esta actividad se realizará en tres sesiones de media hora aproximadamente cada una, trabajando con todo el grupo.

Preparar para cada niño:
- Una hoja de papel de periódico
- Una bandeja de porexpán
- Una cartulina amarilla
- Pegamento en barra

1 Rasgar papel de periódico y colocarlo en la bandeja.

2 Pegar los trozos de periódico sobre la cartulina amarilla cubriéndola por completo y dejando sólo un pequeño margen.

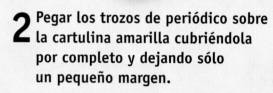

Consejos

- **Pegar papel de periódico.** Extender abundante pegamento por toda la cartulina, y retirarlo para evitar que se manchen los dedos y les sea difícil pegar los trocitos de papel de periódico.
- **Rasgar papel de periódico.** Será conveniente repartir a cada niño una bandeja de porexpán, para que cada uno ponga en su interior su papel troceado y no se caiga al suelo ni se mezcle con el de los demás.
- **Punzar cartulina.** Si se cree conveniente, se puede punzar la máquina del tren en papel charol en vez de en cartulina, puesto que es mucho más fácil de punzar, sobre todo para los más pequeños.

Qué técnicas se trabajarán?

Rasgar y pegar papel de periódico
Punzar cartulina
Pegar adhesivos

Sesión 2

Preparar para cada niño:

- La cartulina amarilla con el papel de periódico ya pegado
- Una cartulina lila con la silueta de la máquina de tren previamente dibujada
- Punzón y felpa
- Pegamento en barra

3 Punzar y sacar la silueta del tren de la cartulina lila y pegarla sobre el papel de periódico de la cartulina amarilla.

Sesión 3

Preparara para cada niño:

- La cartulina con el tren ya pegado
- Dos adhesivos cuadrados grandes amarillos
- Cuatro adhesivos redondos grandes rojos
- Tres adhesivos redondos medianos azules

4 Pegar los diferentes adhesivos, simulando las ventanillas, las ruedas y el humo de la máquina.

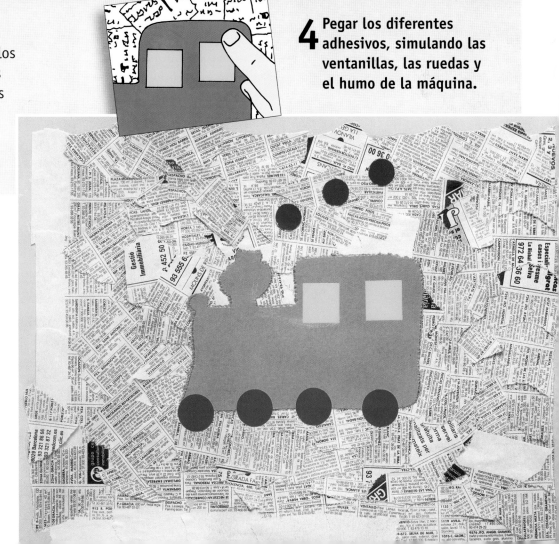

Orientaciones didácticas

Trabajar los **medios de transporte** en los que viajan muchos pasajeros.
Trabajar el concepto de **muchos/pocos,** en cuanto a vagones o a pasajeros.
Trabajar el concepto de **corto/largo** aprovechando la longitud del tren.

13 Auriculares

¿Qué se necesitará?

- Cartulina anaranjada rizada
- Cartulina verde
- Un trozo de tela de borreguito
- Tijeras
- Pinzas de tender ropa
- Pegamento en barra

¿Cómo se hará?

Esta actividad se puede realizar en dos sesiones de media hora cada una aproximadamente, trabajando con todo el grupo.

Sesión 1

Preparar para cada niño:
- Una cartulina verde con dos círculos previamente dibujados
- Un trozo de tela de borreguito con cuatro círculos previamente dibujados
- Tijeras
- Pegamento en barra

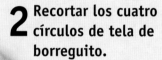

1 Recortar los dos círculos de cartulina verde.

2 Recortar los cuatro círculos de tela de borreguito.

3 Pegar dos de los círculos de tela de borreguito sobre los dos círculos de cartulina verde.

Consejos

- **Pegar la tira de cartulina rizada.** Para que los extremos de la cartulina anaranjada queden bien pegado a la cartulina verde será conveniente sujetarlos con una pinza durante un rato.
- **Recortar cartulina.** Los círculos de cartulina verde se podrán punzar en vez de recortarlos si se trabaja con los niños más pequeños.
- **Tela de borreguito.** En vez de usar este tipo de tela que puede ser difícil de encontrar, también se puede utilizar papel de seda, arrugándolo, o algodón.
- **Recortar tela de borreguito.** Seguramente será necesario que al adulto recorte previamente los dos círculos de esta tela, porque si se trata de niños que se están iniciando en la técnica de recortar, les será muy difícil.

Qué técnicas se trabajarán?

Recortar cartulina
Recortar y pegar tela de borreguito

Sesión 2

Preparar para cada niño:

- Los círculos ya pegados en la sesión anterior
- Los dos círculos restantes de tela de borreguito
- Una tira de cartulina anaranjada rizada, recortada previamente
- Pegamento en barra

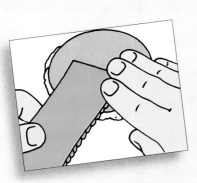

4 Pegar los extremos de la tira de cartulina rizada sobre los círculos de cartulina verde.

5 Pegar los dos círculos que quedan de tela de borreguito sobre los de cartulina verde, por la parte en la que se ha pegado la tira de cartulina rizada, para que ésta quede tapada y se formen los auriculares.

Orientaciones didácticas

Observar y comparar las distintas **texturas** de los materiales utilizados (rugoso, fino, peludo y otros).

Conversar sobre la **funcionalidad** de los auriculares, dónde se pueden encontrar, quién y para qué se usan, cómo debe estar el volumen, y demás cuestiones.

Trabajar la **forma circular** y la **rectangular** de los círculos de los auriculares y de la tira de cartulina rizada.

Trabajar el concepto **más que** y **menos que**, al comparar el número de círculos de cartulina y de tela de borreguito.

14 Barca

¿Qué se necesitará ?

• Cartulina de colores rosa, amarillo y blanco
• Ceras plásticas verde oscuro, verde claro y blanco
• Papel charol azul oscuro y azul claro
• Encuadernadores
• Pegamento en barra
• Punzón y felpa
• Plantilla (ver pág. 45)

¿Cómo se hará?

Esta actividad se puede realizar en tres sesiones de media hora cada una aproximadamente, trabajando con todo el grupo.

Sesión 1

Preparar para cada niño:
• Una cartulina rosa con la silueta de la barca previamente dibujada
• Ceras plásticas verde oscuro, verde claro y marrón

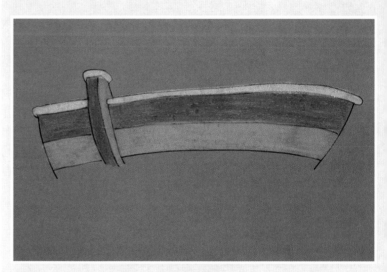

1 Pintar con ceras plásticas la barca, jugando con las distintas tonalidades de verde y el blanco, según el modelo.

Consejos

• **Plantillas.** Para realizar el oleaje es aconsejable hacerlo más largo que la cartulina y después recortar la parte sobrante, para evitar que queden extremos sin cubrir

• **Punzar cartulina.** Agujerear con el punzón el remo y la barca de cartulina para poder pasar con mayor facilidad el encuadernador.

¿Qué técnicas se trabajarán?

- Pintar con ceras plásticas
- Punzar papel charol
- Punzar cartulina
- Pegar
- Superponer distintos papeles

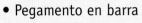

Preparar para cada niño:
- La cartulina rosa con la barca ya pintada
- Papel charol azul claro y azul oscuro con las olas previamente dibujadas en cada papel
- Punzón y felpa
- Pegamento en barra

2 Punzar y extraer el papel charol azul claro y pegarlo debajo de la barca.

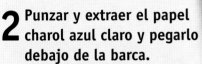

3 Punzar y extraer el papel charol azul oscuro y pegarlo sobre el papel charol azul claro.

Orientaciones didácticas

- Trabajar las distintas **formas de viajar por mar.**
- Trabajar los objetos que **flotan** en el agua.
- Ver qué **alimentos** se extraen del mar. Distintas formas de **pesca.**
- Trabajar los conceptos **encima/debajo** del agua.
- Trabajar los conceptos **pequeño/grande** (del barco).
- Encontrar las **diferencias** que puedan haber entre una **barca** como ésta y un **barco.**

Preparar para cada niño:
- El trabajo realizado en las sesiones anteriores
- Cartulina blanca con la silueta de la nube previamente dibujada
- Cartulina amarilla con la silueta del remo previamente dibujada
- Pegamento en barra
- Punzón y felpa
- Encuadernador

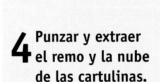

4 Punzar y extraer el remo y la nube de las cartulinas.

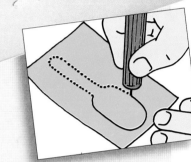

5 Atravesar el remo con el encuadernador, de modo que quede en el centro de la barca, y pegar la nube en el cielo.

15 "Buzón" de cartas

¿Qué se necesitará?

- Cartulina negra
- Papel charol rojo y verde
- Adhesivos medianos redondos amarillos y azules
- Cordón plateado
- Cinta adhesiva transparente
- Papel de seda amarillo

¿Cómo se hará?

Esta actividad se puede realizar en dos sesiones de media hora cada una aproximadamente. La primera sesión será conveniente realizarla en grupos de dos o tres niños cada vez, las dos siguientes con todo el grupo.

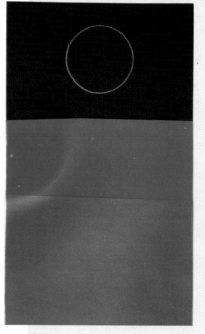

Sesión 1

Preparar para cada niño:

- Una cartulina negra rectangular (de 19 × 31 cm aproximadamente) con un círculo previamente dibujado en la parte superior
- Una tira de papel charol verde y otra roja (de 14 × 40 cm)
- Cinta adhesiva transparente

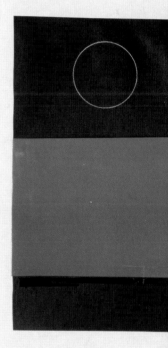

1 Situar el papel charol rojo en la cartulina negra, como se muestra en la imagen, un poco desplazado hacia arriba.

2 Colocar el papel charol verde, cubriendo desde abajo la cartulina negra y parte de la roja, de manera que se formen dos bolsillos.

Consejos

- **Pegar.** Será conveniente que para pegar los dos bolsillos se haga en pequeños grupos, para evitar posibles arrugas en los papeles de charol y en la cinta adhesiva.
- **Colaboración del adulto.** Según sea la edad de los niños, el adulto ayudará más o menos en la realización de esta actividad.

Qué técnicas se trabajarán?

Pegar con cinta adhesiva   • Hacer y pegar bolitas
Pegar adhesivos
Doblar papel charol

Sesión 2

Preparar para cada niño:
- El trabajo realizado en la sesión anterior
- Una cartulina negra igual a la cartulina base pero sin el círculo
- Un trozo de cordón plateado
- Cinta adhesiva

3 Colocar el trabajo por el revés y situar el cordón a modo de colgante. Fijarlo con la cinta adhesiva.

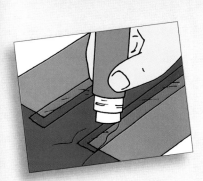

4 Extender pegamento por la parte de atrás del trabajo y pegar la otra cartulina negra.

Sesión 3

Preparar para cada niño:
- El trabajo realizado en las sesiones anteriores
- Adhesivos medianos azules y amarillos
- Papel de seda amarillo
- Pegamento en barra

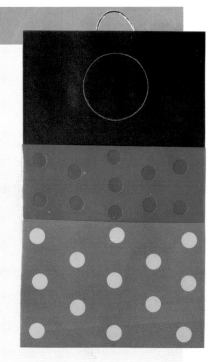

5 Pegar los adhesivos azules sobre el papel charol rojo, y los amarillos sobre el papel charol verde.

6 Hacer bolitas de papel de seda y pegarlas llenando el círculo decorativo de la parte superior.

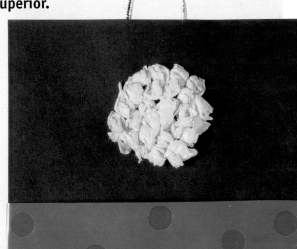

Orientaciones didácticas

Conversar sobre las **cartas** como **medio de comunicación** y sobre los **buzones,** los **carteros,** y todo lo relacionado con este medio. Trabajar los formatos distintos de mensajes: **cartas, postales, telegramas, propaganda.** Trabajar distintos estados emocionales a través de las cartas: **alegría, tristeza.** Reforzar el concepto **arriba** y **abajo** del papel charol y los adhesivos.

16 Teléfono

¿Qué se necesitará?

- Cartulinas de colores azul, anaranjado y verde
- Ceras amarillas
- Papel blanco de tamaño Din-A4
- Encuadernadores
- Adhesivos redondos medianos amarillos
- Cordón de algodón recubierto de plástico
- Pegamento en barra
- Punzón y felpa
- Cinta adhesiva
- Barniz y pincel
- Plantilla (ver pág. 46)

¿Cómo se hará?

Esta actividad se puede realizar en tres sesiones de media hora cada una aproximadamente, trabajando con todo el grupo.

Sesión 1

Preparar para cada niño:
- Un papel blanco con la base del teléfono previamente dibujada
- Una cera amarilla

1 Pintar con ceras amarillas la base del teléfono y barnizar.

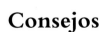

Consejos

- **Encuadernadores.** Para asegurar la posición del marcador y el auricular sería prudente que el educador colocara los encuadernadores.

- **Punzar el marcador.** Para punzar el marcador hay que colocar unos adhesivos redondos y punzar por su límite, de esta manera reforzamos la cartulina y evitamos su rotura.

- **Escribir números.** Si los niños son muy pequeños, los números los escribirá un adulto.

- **Pegar cordón.** Es preferible que el adulto lo pegue usando cinta adhesiva en los dos extremos.

Qué técnicas se trabajarán?

Pintar con ceras
Punzar cartulina
Pegar cartulina

Sesión 2

Preparar para cada niño:
- La base de papel del teléfono ya pintada
- La cartulina verde con el marcador previamente dibujado
- La cartulina azul con el auricular previamente dibujado
- Un encuadernador
- Punzón y felpa
- Pegamento en barra

2 Punzar y sacar la base amarilla.

3 Punzar y extraer los círculos interiores del marcador y el círculo externo de la cartulina verde.

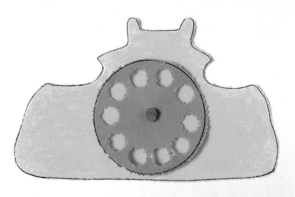

4 Agujerear el centro del marcador, y unirlo a la base con el encuadernador para que pueda girar.

Orientaciones didácticas

Trabajar el **giro** de la rueda del marcador.

Estimular la **expresión oral** entre los niños mediante el juego cooperativo. Se trabaja el **juego simbólico**. Se puede dejar en clase una temporada para facilitar el trabajo de expresión oral.

Reforzar los **números** del 0 al 9.

Sesión 3

- El trabajo realizado en las sesiones anteriores
- Una cartulina anaranjada
- Dos encuadernadores
- Punzón y felpa
- Cordón de plástico
- Cinta adhesiva

5 Punzar y extraer el auricular del teléfono de cartulina azul.

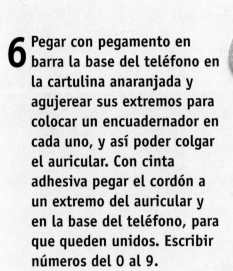

6 Pegar con pegamento en barra la base del teléfono en la cartulina anaranjada y agujerear sus extremos para colocar un encuadernador en cada uno, y así poder colgar el auricular. Con cinta adhesiva pegar el cordón a un extremo del auricular y en la base del teléfono, para que queden unidos. Escribir números del 0 al 9.

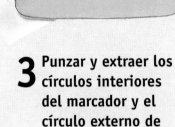

Autobús

¿Qué se necesitará?

- Cartulina negra
- Una caja rectangular de cartón (de zapatos o similar)
- Papel charol anaranjado y azul marino
- Recortes de propaganda y caras de personajes de revistas
- Adhesivos redondos grandes amarillos
- Adhesivos redondos pequeños amarillos y rojos
- Adhesivos redondos medianos blancos
- Adhesivos cuadrados pequeños rojos
- Punzón y felpa
- Pegamento en barra
- Tijeras

¿Cómo se hará?

Esta actividad se puede realizar en cuatro sesiones de media hora aproximadamente cada una, trabajando con todo el grupo.

Sesión 1

Preparar para cada niño:
- Un papel charol azul marino con dos rectángulos largos y estrechos, y dos más cortos y anchos previamente dibujados
- Punzón y felpa

1 Punzar y sacar todos los rectángulos del papel charol.

Consejos

- **Forrar la caja.** A los niños de menor edad se les repartirá la caja previamente forrada.
  - **Cajas.** Las cajas más adecuadas suelen ser las de cartón rectangulares, como las de zapatos.
  - **Pegar ruedas.** El adulto trazará una línea en medio de la rueda y sólo se extenderá el pegamento en la mitad superior

Qué técnicas se trabajarán?

Pegar papel charol y de revistas   • Pegar adhesivos
Punzar papel charol y cartulina
Recortar papel de revistas

Sesión 2

Preparar para cada niño:
- Una cartulina negra con cuatro círculos previamente dibujados
- Punzón y felpa
- Cuatro adhesivos redondos blancos

2 Punzar y sacar las cuatro ruedas de cartulina negra. Colocarles un adhesivo blanco en el centro.

Sesión 3

Preparar para cada niño:
- Una caja previamente forrada por el adulto con papel charol anaranjado
- Los rectángulos de papel charol azul ya recortados
- Los círculos de cartulina trabajados en la sesión anterior
- Pegamento en barra
- Revistas
- Tijeras

3 Pegar en la caja las ventanillas laterales, los cristales delanteros y traseros de papel charol, y las ruedas de cartulina negra.

4 Recortar anuncios y caras de personajes de las revistas.

Sesión 4

Preparar para cada niño:
- La caja trabajada en la sesión anterior
- Recortes de revista
- Los adhesivos redondos amarillos, rojos y blancos
- Los adhesivos rectangulares rojos
- Pegamento en barra

5 Pegar los adhesivos redondos para simular los faros delanteros y traseros.

6 Pegar en la parte trasera los adhesivos cuadrados rojos, cortados en tiras rectangulares, como si se tratara del motor, y la publicidad del "zoo". Pegar los recortes de personajes de revista en las ventanas.

Orientaciones didácticas

Trabajar los medios de transporte público.
Trabajar los conceptos **lleno** y **vacío.** Antes y después de colocar los pasajeros.
Trabajar los conceptos **largo** y **corto**, comparando con otros medios de transporte.
Trabajar los conceptos **grande** y **pequeño,** al comparar las ruedas y los adhesivos.
Reforzar la **forma rectangular** de las ventanas.

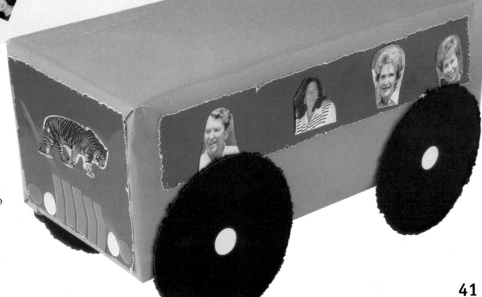

41

PLANTILLAS

¿Qué necesitamos?
- *Papel vegetal*
- *Rotulador negro*
- *Papel carbón*
o *fotocopiadora*

¿Cómo lo haremos?
Calcaremos la plantilla en el papel vegetal con el rotulador.
Después fotocopiaremos el resultado en la cartulina del color elegido.
Si no se dispone de fotocopiadora calcar con papel carbón.

Actividad 1

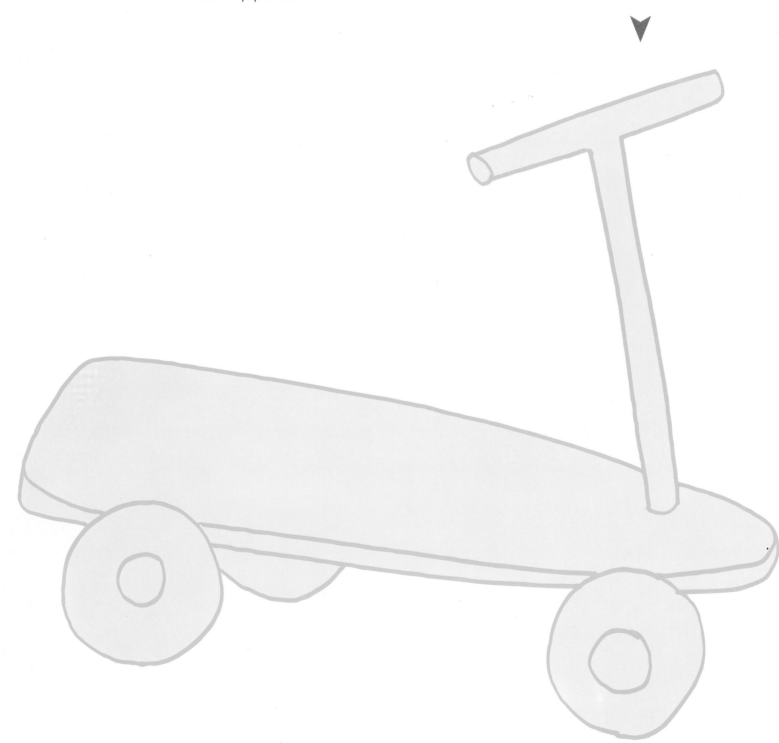

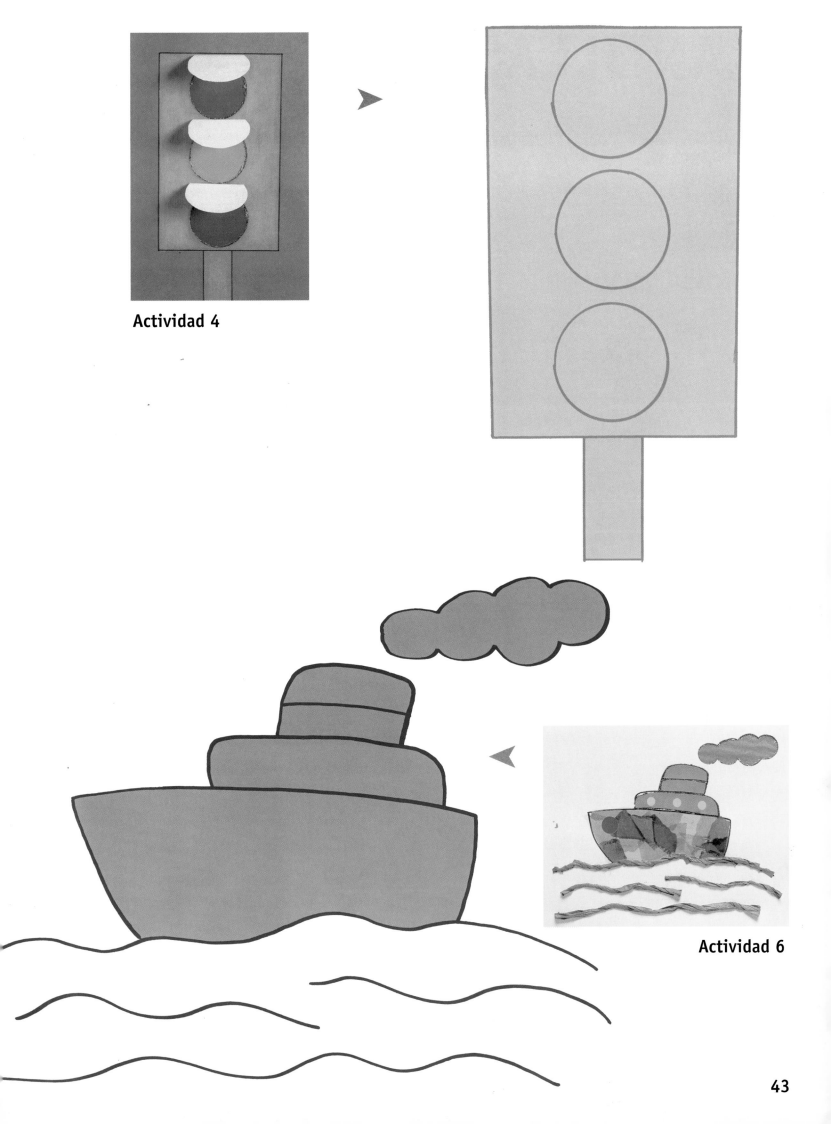

Actividad 4

Actividad 6

43

PLANTILLAS

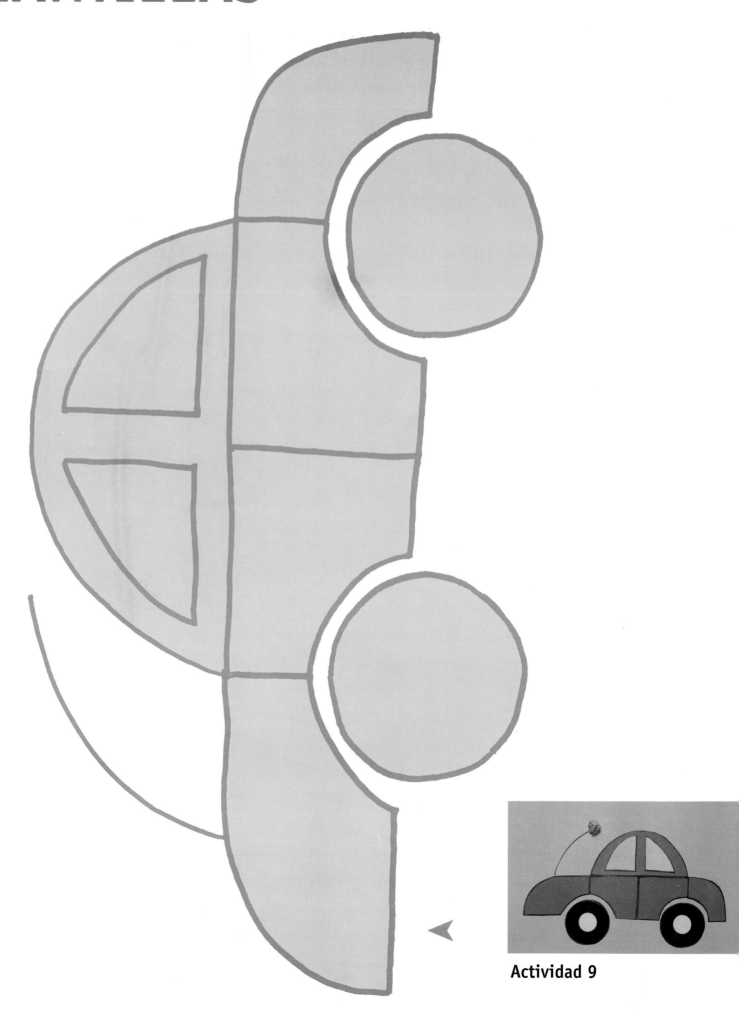

Actividad 9

Actividad 12

Actividad 14

45

PLANTILLAS

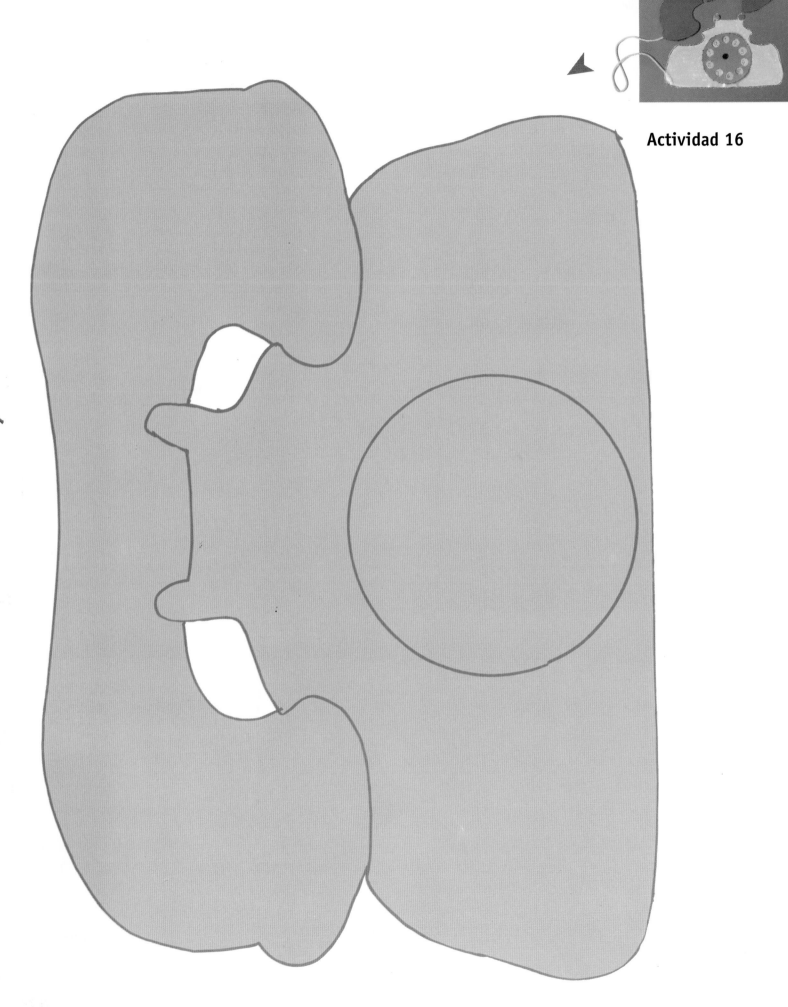

Actividad 16

PLANTILLAS

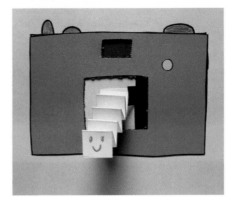

Actividad 3